AF457676

Album.

TABLE DES MATIÈRES.

ALBUM

DES

VILLES ET MONUMENTS LES PLUS REMARQUABLES DE L'ANTIQUITÉ.

ALBUM OF THE MOST REMARKABLE CITIES AND MONUMENTS OF THE ANTIQUITY.

BIBLIOTHEQUE ROYALE
I

Gedenkbuch der merkwürdigsten Städte und Monumente des Alterthums.

Publié par DELAMARE, Libraire-Editeur, rue de la Chaussée-d'Antin, 22.

PARIS.

1844

1843

BABYLON

BABYLONE.

Cette ville, l'une des plus célèbres de l'antiquité, était située dans une vaste plaine de l'Assyrie. On la croit bâtie par la reine Sémiramis, qui employa à sa construction deux millions d'hommes; si son origine remonte, comme il est probable, à une époque de beaucoup antérieure, du moins cette reine a attaché son nom à ses gigantesques embellissements. Les principaux ouvrages de cette ville superbe étaient ses murailles, ses quais, ses jardins suspendus, ses châteaux royaux, son tunnel, le temple de Bel. Les murailles étaient d'une grandeur prodigieuse; elles avaient 12 toises et demie d'épaisseur, 50 de hauteur et 24 lieues de circuit. Elles étaient toutes bâties en larges briques cimentées avec du bitume et entourées d'un vaste fossé rempli d'eau. Ces murailles formaient un carré parfait et présentaient 100 portes d'airain massif, 25 sur chaque côté. Entre ces portes et à chacun des angles du carré s'élevaient plusieurs tours à dix pieds au dessus des murailles. Les maisons de cette ville avaient trois ou quatre étages, et leur façade était ornée de toute sorte d'embellissements; elles étaient séparées les unes des autres par un certain intervalle, et on avait laissé aussi une grande distance entre elles et les murs de la ville. Près de la moitié de la ville était occupée par des jardins et par des terres qu'on labourait et qu'on ensemençait. Une branche de l'Eu-

BABYLON.

Babylon, one of the most celebrated cities of antiquity, was situated in a vast plain of Assyria. It is supposed to have been built by the queen Semiramis, who employed in its construction two millions of men, and it is probable that its origin goes back to a more ancient period; at least this queen has given her name to its gigantic edifices. The principal works of this superb city were its walls, its quays, its suspended gardens, its royal palaces, its tunnel and the temple of Bel. Its walls were of vast extent; they measured fifty cubits in thickness, two hundred in height, and twenty four leagues in circumference. They were all built with large bricks cemented with bitumen, and were surrounded by a vast ditch filled with water.

These walls formed a perfect square and had a hundred brazen gates, twenty five upon each side. Between those gates and at each angle of the square, rose several towers ten feet above the walls. The houses of this city were three or four stories high; and in front they were adorned with all kinds of embellishment; they were separated from each other by a certain interval; and there was also between them and the walls of the city a great distance. Nearly half of the city was occupied by gardens and cultivated grounds. A branch of the

Babylon

war eine der berühmtesten Städte des Alterthums; sie lag in einer weiten Ebene Assyriens. Man glaubt, daß sie die Königin Semiramis erbaut habe, welche mehr als zwei Millionen Menschen dabei beschäftigte; und wenn ihr Ursprung auch, was leicht möglich, noch weit älter ist, so hat diese Königin doch ihren Namen den riesenhaften Verschönerungen derselben verliehen. Die hauptsächlichsten Merkwürdigkeiten dieser prächtigen Stadt waren: ihre Mauern, ihre Quais, ihre hängenden Gärten, ihre königlichen Schlösser, ihre Brücken, der Tempel des Baal u. s. w. Ihre Mauern waren von einer erstaunlichen Größe und zwölf und eine halbe Toise dick, funfzig hoch, und hatten vier und zwanzig gute Stunden im Umfang. Sie waren von breiten Backsteinen, mit Erdpech verkittet, erbaut, von einem breiten Wassergraben umgeben, und bildeten ein vollkommenes Viereck, von dem jede Seite fünf und zwanzig massiv-eherne Thore hatte, also hundert im Ganzen. Zwischen diesen Thoren und an den Winkeln jedes Carré's waren mehrere Thürme angebracht, welche zehn Fuß über die Mauern ragten. — Die Häuser dieser Stadt waren drei bis vier Stockwerke hoch, und die Vorderseite derselben war mit allen möglichen Verzierungen ausgeschmückt; sie standen nicht dicht aneinander, sondern waren auf jeder Seite durch einen Raum getrennt. Zwischen den Gebäuden und den Stadtmauern hatte

phrate traversait cette grande ville du nord au midi; de chaque côté de la rivière s'étendait une grande muraille de briques, de la même épaisseur que les murs de la ville, et elle servait de quai. Un pont d'une grande beauté, long de 104 toises sur 5 de large, réunissait les deux rives. Les arches étaient bâties en grosses pierres qu'on avait liées ensemble avec des chaînes de fer et du plomb fondu.

Pour faciliter la construction de ce pont et de la plupart des ouvrages dont nous avons parlé, il avait fallu détourner le cours du fleuve. On avait pour cela creusé, à l'occident de Babylone, un grand lac qui avait 21 lieues carrées sur une profondeur de 35 à 75 pieds. Le fleuve y fut conduit tout entier par un canal, et, lorsque tous les ouvrages furent finis, on le fit rentrer dans son lit ordinaire. De peur que l'Euphrate, vers l'époque de ses crues, n'inondât la ville, on conserva le lac et le canal pour recevoir l'eau pendant les inondations; on utilisait ensuite cet immense réservoir pour l'irrigation des terres, à des époques convenables; on avait, à cet effet, ménagé des écluses dans différentes directions.

C'est à Babylone que mourut Alexandre le Grand, à la fleur de son âge.

Euphrates crossed this great city from north to south; on each side of the river extended a large brick wall of equal thickness with the walls of the city, and it served as a quay. A bridge of great beauty, four hundred and twenty cubits long and five wide, joined both sides of the river. The arches of this bridge were built with large stones joined to one another by iron chains and melted lead. In order to facilitate the construction of this bridge as well as of most of the works of which we have spoken, it was necessary to give to the course of the river another direction, and for this purpose, a great lake was dug on the west side of Babylon, 21 leagues square and from 35 to 75 feet deep. To this lake the whole river was led by a canal, and when all the works were finished, it was made to take its former course. Lest the Euphrates might, at the period of its swelling, overflow the city, the lake and the canal were preserved for receiving the water during the inundations; this immense reservoir was made afterwards to serve for watering grounds at proper seasons, and for this purpose sluices were arranged in different directions.

It was at Babylon that Alexander the Great died in the prime of life.

man gleichfalls einen großen Zwischenraum gelassen. Der halbe Theil der ganzen Stadt bestand aus Gär und Ländereien, die man anbauete und besäete. Ein A des Euphrats durchströmte die Stadt von Norden Süden; auf jeder Seite des Flusses war eine Backste mauer von derselben Dicke, wie die Mauern der Sta welche die Quais bildete. Eine sehr schöne Brüc hundert und vier Toisen lang und fünf Toisen bre führte von einem Ufer zu dem andern. Die Bö waren von großen Steinen erbaut, die man mit Ket und geschmolzenem Blei verbunden hatte. Um die E bauung dieser Brücke zu erleichtern, so wie die der m sten Werke, deren wir erwähnten, hatte man den Str ableiten müssen. Man hatte zu diesem Zwecke west von Babylon einen großen See gegraben, der über und zwanzig Stunden im Umfange und fünf und drei bis fünf und siebzig Fuß Tiefe hatte. Der ganze F wurde nun durch einen Canal in diesen See gelei und als die Werke vollendet waren, ließ man ihn w der in sein gewöhnliches Bett strömen. Aus Fur der Euphrat möchte in der Zeit des Steigens die St überschwemmen, unterhielt man fortwährend den und den Canal, und man leitete bei Überschwemmun das Wasser in denselben und bewahrte es in einem meinschaftlichen Behälter, aus dem man es durch Schl sen, wenn es nöthig wurde, auf die benachbarten Fe in verschiedenen Richtungen leitete, um diese zu ben sern.

In Babylon starb Alexander der Große in der B seines Alters.

DAS NEUE SCHLOSS ZU BABYLON

LE NOUVEAU PALAIS DE BABYLONE.

Le nouveau palais de Babylone était sur la rive occidentale de l'Euphrate et vis-à-vis du vieux palais des rois avec lequel il communiquait par une voûte qu'on avait construite sous le fleuve, pendant qu'il était à sec. Il avait trois lieues de circuit et était environné d'une triple enceinte de murailles, séparées entre elles par un espace assez considérable. Ces murailles, aussi bien que celles du vieux palais, étaient embellies d'une infinité de sculptures qui représentaient au naturel toutes sortes d'animaux. On y admirait surtout une chasse où Sémiramis, montée sur un cheval, lançait un javelot contre un léopard, et où Ninus, son mari, perçait un lion de sa lance.

Dans ce palais étaient aussi les jardins suspendus si renommés; ils présentaient un carré dont chaque côté avait 40 pieds. Ils étaient élevés et formaient plusieurs larges terrasses disposées en forme d'amphithéâtre, et la plus haute égalait la hauteur des murs de la ville. On montait d'une terrasse à une autre par un escalier large de 10 pieds. La masse entière était soutenue par de grandes voûtes bâties l'une sur l'autre et fortifiées d'une muraille de 22 pieds

THE NEW PALACE OF BABYLON.

The new palace of Babylon was situated on the western bank of the Euphrates, opposite to the old royal palace to which it communicated by means of a vault built underneath the river. This palace was three leagues in circumference and was surrounded with triple walls embellished as well as those of the old palace with beautiful sculptures of different animals. The most admired was a group representing Semiramis and Ninus. Semiramis was mounted upon a horse, flinging her javeline at a leopard, and her husband was piercing a lion with his lance.

The famous suspended gardens of Babylon were situated in this palace. These gardens were square and formed several large terrasses disposed as amphitheatre. The height of the most elevated was equal to that of the walls of the town. The staircases conducting from one terrace to another were 10 feet wide. The entire mass of gardens was supported by vaults built one upon the other and streagthened by walls 22 feet thick. The soil of these aerial gardens was deep enough for the tallest forest trees which were mixed with the most odoriferous flowers. These gar-

Das neue Schloſs zu Babylon.

Der neue Pallaſt zu Babylon lag an der weſtlichen Seite des Euphrats und dem alten königlichen Pallaſte gegenüber, mit welchem er durch einen unterirdiſchen Gang zuſammenhing, welcher unter dem Fluſſe durchging, und den man, während deſſen Bett trocken war, erbaut hatte. Das neue Schloß hatte drei Stunden im Umfange und war mit dreifachen Mauern umgeben, welche durch ziemlich breite Zwiſchenräume getrennt waren. Dieſe Mauern, ſo wie die des alten Schloſſes, waren mit unendlich viel Bildhauerarbeiten verziert, welche auf das natürlichſte alle Arten von Thieren darſtellten. Man ſah da beſonders eine Jagd, wo Semiramis von ihrem Pferde herab einen Wurfſpieß auf einen Leoparden ſchleuderte, und wie ihr Gatte, König Ninus, einen Löwen mit einer Lanze durchbohrte. In dieſem Pallaſt waren auch die berühmten hängenden Gärten. Sie bildeten ein Viereck, von dem jede Seite 400 Fuß lang war; ſie waren erhöht und hatten mehrere breite Terraſſen, welche ſich amphitheatraliſch erhoben und deren höchſte ſo hoch wie die Stadtmauer war. Man ſtieg auf einer 10 Fuß breiten Treppe von einer Terraſſe zur andern. Die ganze Maſſe ruhte auf großen Wölbungen, von denen eine über der andern mit

d'épaisseur. La terre sur ces terrasses était si profonde que les plus grands arbres pouvaient y prendre racine. Aussi s'élevaient là de vastes arbres, et l'on avait encore embelli ces jardins aériens de toutes les fleurs qui peuvent orner un lieu de plaisance. Sur la plus haute terrasse il y avait une pompe, dérobée aux regards, au moyen de laquelle on faisait monter l'eau du fleuve, pour arroser de là tout le jardin.

Le temple de Bel était près du vieux palais; ce qu'il avait de plus remarquable était une tour carrée d'une grandeur prodigieuse placée au centre de l'édifice; elle avait plus de 104 toises de longueur sur autant de largeur et de hauteur. Elle consistait en huit tours superposées qui s'élevaient toujours en diminuant; on croit que c'est la même qui fut faite lors de la confusion des langues. Au sommet de la tour se trouvait une espèce d'observatoire; mais elle était principalement destinée au culte du dieu Bel ou Baal et à plusieurs autres divinités.

dens were watered by means of an invisible pump placed upon the highest terrace.

The temple of Bel stood near the old palace. This temple was remarkable on account of an enormous square tower in the centre; it was more than 624 feet long, and so much large and high. It consisted of 8 towers placed one upon another, which rised in proportion as they were diminishing. This building is generally supposed to be the noted tower of Babel. A beautiful observatory was placed on its summit, but the tower itself was consecrated to the god Bel and other Babylonian divinities.

22 Fuß dicken Mauern erbaut war. Die Erde auf diesen Terrassen war so tief, daß die größten Bäume daselbst Wurzel fassen konnten; auch waren alle Terrassen damit bedeckt, sowie mit Blumen und Pflanzen jeder Art, die geeignet waren, einen solchen Vergnügungsort zu verschönern. — Auf der höchsten Terrasse befand sich eine Pumpe, die man nicht bemerkte, und durch welche man das Wasser aus dem Strom heraufzog, und damit den ganzen Garten bewässerte.

Der Baalstempel war nahe bei dem alten Schlosse; sein ungeheurer Thurm war das Merkwürdigste desselben; er war in der Mitte des ganzen Gebäudes, ein Viereck, welches 104 Toisen Länge, eben so viel Breite und Höhe hatte. Er bestand eigentlich aus acht über einander gebauten Thürmen, welche, je höher, je mehr an Umfang abnahmen. Man glaubt, daß dies derselbe Thurm war, der bei der Sprachverwirrung erbaut wurde. Auf dem Gipfel desselben war eine Art Sternwarte angebracht; er war aber hauptsächlich dem Dienst des Gottes Bel oder Baal und einigen anderen Gottheiten gewidmet.

NINIVE.

On croit que cette fameuse ville fut bâtie par Assur, fondateur du royaume d'Assyrie, 2680 ans avant Jésus-Christ, puis agrandie six siècles après par Ninus, roi d'Assyrie, qui lui donna son nom et voulut ainsi s'immortaliser par l'établissement d'une ville qui répondît à la grandeur de sa puissance. Elle était située sur la rive gauche du Tigre, au nord-ouest de Babylone. Ninus voulut en faire la ville la plus grande et la plus célèbre du monde entier, et il ne fut pas trompé dans ses prétentions. Elle avait sept lieues et demie de longueur, sur quatre lieues et demie de largeur et vingt-quatre lieues de circuit; dans Jonas il est dit : *qu'elle avait trois jours de chemin.* Les murs avaient cent pieds de hauteur et une telle épaisseur qu'on pouvait y conduire à l'aise trois chars de front. Ils étaient revêtus de quinze cents tours, toutes de deux cents pieds. Elle fut prise deux fois, d'abord par Arbacès, satrape de Médie, et par Bélésis, 759 ans avant J.-C., sous le règne de Sardanapale, qui vécut dans le luxe et la mollesse et fut le dernier souverain du premier empire d'Assyrie. Ce roi fut vaincu, se retira dans Ninive, et, se voyant près d'être forcé, il fit élever un bûcher

NINEVEH.

This famous town is supposed to have been founded by Assur, founder of the kingdom of Assyria, 2680 B. C., and aggrandized six centuries after by Ninus, king of Assyria, who gave it his own name, desiring thus to immortalise himself, by the establisment of a town which equalled the extent of his power.

It was situated on the left bank of the Tigrus, to the north-west of Babylon. Ninus desired to render it the largest and the most celebrated in the world, and was not disappointed in his expectations. It was seven leagues and a half long and twenty four leagues in circumference. In Jonas it is said, that *it was three days journey.* The walls were 100 feet high and so thick that three chariots might with ease be driven abreast. They were strengthened by fifteen hundred towers 200 feet high.

It was taken twice, once by Arbaces, satrap of Media, and then by Beloses, 759 years B. C., under the reign of Sardanapalus, who lived in idleness and luxury, and was the last sovereign of the first empire of Assyria.

This king, being vanquished, retired into Nineveh,

Ninive.

Man glaubt, daß diese berühmte Stadt von Assur, dem Gründer des assyrischen Reichs, 2680 Jahre vor Christi Geburt erbaut, und sechs Jahrhunderte später von Ninus, König von Assyrien, vergrößert wurde, welcher ihr auch seinen Namen verlieh, den er durch die Erbauung einer Stadt, die der Größe seiner Macht glich, unsterblich machen wollte. Sie lag an dem linken Ufer des Tigris, nordwestlich von Babylon. Ninus wollte, daß diese Stadt die größte und berühmteste der ganzen Welt werden sollte, und es gelang ihm nicht übel. Sie war über acht Stunden lang und fünf breit, und hatte über 25 Stunden im Umfang. Im Jonas wird von ihr gesagt, daß sie drei Tagereisen groß sey. Ihre Mauern hatten 100 Fuß Höhe, und waren so dick und breit, daß ganz bequem drei Wagen neben einander auf denselben fahren konnten. Sie waren mit 1500 Thürmen, jeder 200 Fuß hoch, versehen. Zweimal wurde sie eingenommen, das erste Mal durch Arbaces und Belosis, 759 Jahre vor J. C., unter der Regierung Sardanapals, der in Wollust und Weichlichkeit versunken und der letzte Herrscher des alten assyrischen Reiches war.

Durch den Arbaces besiegt, zog er sich nach Ninive zurück,

sur lequel il se fit brûler avec ses trésors et ses femmes. La seconde fois cette ville fut prise par Nabopolassar Ier, roi de Babylone, en 625 avant J.-C. Jonas eut la mission de Dieu de crier dans toute la ville : *Encore quarante jours, et Ninive sera détruite*; et c'est au bout de ce temps qu'elle fut conquise par Nabopolassar qui fonda ce qu'on appelle le second empire d'Assyrie. — La corruption de cette ville égalait sa grandeur et son opulence; les prophètes reviennent souvent sur son luxe excessif. La ville actuelle de Mossoul est bâtie près de l'emplacement où fut autrefois Ninive, qui paraît avoir subsisté, quoique bien déchue, jusqu'au temps de la conquête des Arabes dans le septième siècle après J.-C.

where he caused a funeral pile to be raised, finding himself near being forced in this retreat. Having first placed his women and treasures, he placed himself upon it, and they were all consumed.

The second time, the town was taken by Nabopolassar, king of Babylon, 625 B. C. So Jonas had been confided the mission of apprising the town of its destruction : *Yet forty days, and Nineveh shall be destroyed!* and at the end of this time it was conquered by Nabopolassar, who founded what was called the second kingdom of Assyria. The corruption of this town equalled its grandeur and its opulence The prophets are continually declaiming on its excessive luxury !

The present town of Moussoul is built very near the site where was formerly Nineveh; which appear to have subsisted, though considerably degraded, till the time of the arabian conquest in the seventh century A. D.

woselbst er, seinen Untergang vor Augen sehend, einen großen Scheiterhaufen errichten ließ, auf welchen er seine Schätze legte und sich mit allen seinen Frauen auf demselben verbrannte. — Das zweite Mal wurde diese Stadt von Nabopolassar I, König von Babylonien, im Jahre 625 vor J. C., eingenommen. — Jonas war von Gott beaufträgt, in der ganzen Stadt auszurufen: »Noch vierzig Tage, und Ninive wird zerstört werden,« und als diese Zeit um war, wurde sie von Nabopolassar, dem Gründer des sogenannten zweiten assyrischen Reiches, erobert. Die Verdorbenheit dieser Stadt war ihrer Größe und ihren Reichthümern gleich; die Propheten sprachen häufig von ihrem ungeheuren Luxus. Das jetzige Mossul ist unfern der Stelle erbaut, wo Ninive stand, welches, wenn auch sehr herabgekommen, noch bis zur Zeit der Eroberung der Araber, im siebenten Jahrhundert, existirte.

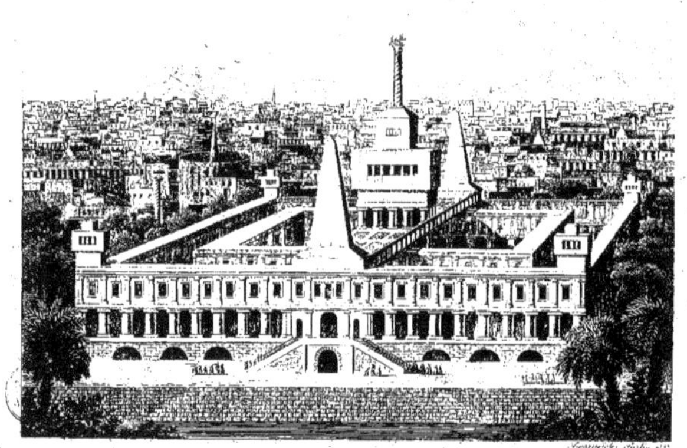

JERUSALEM MIT SALOMONS TEMPEL

JÉRUSALEM.

Hierosolyma chez les Grecs et les Romains. Cette ville si célèbre eut pour premier nom Jébus; elle existait sous ce nom lors de l'entrée des Israélites dans la terre promise. David fit de cette ville la capitale de son royaume, et Salomon y bâtit le fameux temple qui porte son nom, et qu'on voit sur le premier plan de notre gravure. Elle était située dans la Palestine, à peu près à distance égale de la Méditerranée et du lac Asphaltite, vers les sources du torrent de Cédron. Elle était entourée d'une triple enceinte de murailles, et avait un circuit de près de trois lieues; on y comptait treize portes. La ville était construite sur plusieurs collines; la partie située sur les hauteurs de Sion était appelée Haute-Ville ou cité de David; on y voyait le palais de David, et plus tard celui d'Hérode. Le magnifique temple de Salomon était situé sur la hauteur de Moriah. Jérusalem avait, au temps de sa grandeur, près de 150,000 habitants. Nabuchodonosor II, roi de Babylone et de Ninive réunies, prit Jérusalem trois fois et finit par la détruire, 587 ans avant J.-C. Cyrus en permit le rétablissement (536), et elle redevint florissante sous les successeurs d'Alexandre-le-Grand. Elle fut encore

JERUSALEM.

Hierosolyma, by the Greeks and Romans.

This town so celebrated had for its first name Jebus; it existed under this name when the Israelites arrived at the Holy-Land. David made it the capital of his kingdom, and Solomon built the famous temple called by his name, such as it is represented on the first plan in our engraving. It was situated in Palestine, at nearly an equal distance between the Mediterranean sea and the Asphalte lake, towards the sources of the torrent at Cedron. It was surrounded by a triple wall, which extended nearly three leagues, in which were thirteen gates. It was constructed on several hills; the part situated on the heigths of Sion was called the High-Town, or the City of David. It contained the palace of David, and afterwards that of Herod. The magnificent temple of Solomon was placed on the heights of Moriah. Jerusalem, during the time of its grandeur, contained nearly 150,000 inhabitants. Nebuchadnezzar II, king of Babylon and Nineveh united, took Jerusalem three times, and finished by destroying it 587 years before J.-C. Cyrus permitted it to be reestablished in 536, and it became flourishing again under the successors

Jerusalem.

Das Hierosolyma der Griechen und Römer. Diese hochberühmte Stadt hieß zuerst Jebus (Schalem), und unter diesem Namen lernten sie die Israeliten kennen, als sie das gelobte Land betraten. David machte die Hauptstadt seines Reiches aus derselben, und Salomon erbaute den prächtigen Tempel daselbst, der seinen Namen trug und den man im Vordergrunde unseres Stahlstiches sieht. Sie lag in Palästina, ungefähr in gleicher Entfernung von dem mittelländischen Meere und dem See Asphaltis, gegen die Quellen des Baches Kidron. Sie war mit dreifachen Mauern umgeben und hatte über drei Stunden im Umfange. Dreizehn Thore führten in das Innere. Sie war auf mehreren Hügeln erbaut; derjenige Theil, der auf der Höhe von Zion lag, wurde die Hochstadt oder Davidsburg genannt, dessen Pallast man, wie später den des Herodes, daselbst sah. Salomon's prächtiger Tempel lag auf der Höhe von Moriah. Jerusalem zählte in seiner Blütenzeit 150,000 Einwohner. Nebukadnezar II, König des vereinigten Babylonien und Ninive, eroberte dreimal Jerusalem, und zerstörte es zuletzt 587 Jahre vor Christi Geburt. Cyrus gestattete 536 dessen Wiedererbauung, und sie kam unter den Nachfolgern Alexanders des Großen in außer-

prise par Pompée, l'an 64 avant J.-C., et l'an 70 après J.-C. par Titus, qui la détruisit presque tout entière. Julius Sévérus la prit en 535, sous l'empereur romain Adrien ; ce prince, après l'avoir en partie ruinée, la releva plus brillante, et l'appela de son propre nom (Œlius) Œlia Capitolina ; mais il en exclut tous les Juifs sous des peines très graves. L'empereur Constantin lui rendit son nom primitif. Elle a été encore prise l'an 614 par les Persans, l'an 636 par les Sarrasins, et en 1099 par les Croisés qui y fondèrent le royaume de Jérusalem. Saladin la conquit en 1188, et les Turcs en 1217 et 1239. Depuis, elle a suivi le sort de la Syrie. Aujourd'hui elle n'a plus rien de son ancienne splendeur et ne compte guère plus de 20,000 habitants. L'église du Saint-Sépulcre en est le plus beau monument ; on y remarque encore la mosquée d'Omar et un grand nombre de ruines.

of Alexander the Great. It was taken again by Pompey 64 years before J.-C., and the year 70 after J.-C. by Titus, who almost entirely destroyed it. Julius Severus took it A. D. 535, under the roman emperor Adrian, who, after having almost ruined it, raised it up more brilliant than ever, and called it after himself (Ælius) Ælia Capitolina; but he excluded all the Jews, under very severe penalties. The emperor Constantine restored its original name. It was again taken A. D. 614 by the Persians, and in 636 by the Saracens, and in 1099 by the Crusaders, who founded there the kingdom of Jerusalem. Saladen conquered it in 1188, and the Turks in 1217 and 1239. Since this time it has followed the fate of Syria. At present it retains nothing of its ancient splendour and can scarcely reassemble 20,000 inhabitants. The church of the Saint-Sepulchre is its finest monument. It possesses also the mosque of Omar, and numberless ruins.

ordentlichen Glanz. 64 Jahre vor Christi Geburt eroberte sie Pompejus, und 70 Jahre nach Christi Geburt wurde sie durch Titus eingenommen und fast gänzlich zerstört. — Julius Severus, der sie unter dem Kaiser Hadrian einnahm, und welcher sie, nachdem sie theilweise zerstört worden war, glänzender wieder herstellen ließ, nannte sie Ælia Capitolina, und verbot den Juden bei schwerer Strafe, sie zu betreten. Der Kaiser Constantin verlieh ihr den früheren Nahmen wieder. Im Jahre 614 wurde sie durch die Perser, und 636 durch die Sarazenen eingenommen. 1099 eroberten sie die Kreuzfahrer, und errichteten ein Königreich Jerusalem. Sultan Saladin eroberte sie 1188, und die Türken in den Jahren 1217 und 1239. Seitdem erlitt sie gleiches Schicksal mit Syrien. Heutiges Tages ist nichts mehr von ihrem früheren Glanze übrig, und sie zählt wenig mehr als 20,000 Einwohner. Die Kirche des heiligen Grabes ist ihr schönstes Gebäude; man bemerkt auch noch die Moschee Omar's und viele Ruinen.

Tanner del. C. Doucker fc.

RUINEN VON PALMYRA

LES RUINES DE PALMYRE.

Palmyre ou Tadmor était la capitale de la Palmyrène, principauté située entre la Syrie et l'Euphrate. On croit que le roi Salomon en était le fondateur. Autrefois on l'appelait aussi Tadmor, qui veut dire la ville des palmiers, à cause des arbres qui formaient dans les environs des bois superbes. Son territoire était d'une grande fertilité et ne manquait point d'eau, quoique entouré de déserts sablonneux. Elle forma assez longtemps un état indépendant et eut des petits princes qui se maintinrent jusqu'au troisième siècle ; mais alors ils devinrent tributaires de Rome. La veuve d'Odénat, l'un de ses rois qui s'était distingué par ses exploits, la célèbre Zénobie, prit, après la mort de son mari, le titre de reine de l'Orient; mais elle succomba dans une guerre contre les Romains, et la principauté de Palmyrène devint une province sous l'empereur Aurélien, en 272.

Rien de plus beau et de plus magnifique que les ruines de Palmyre qui ne furent connues des Européens qu'en 1691 ; elles sont éloignées de Damas à peu près de 60 lieues, situées au milieu des déserts. On y voit des colonnades d'une rare beauté qui s'étendent à perte de vue ; des ruines de temples, de

THE RUINS OF PALMYRA.

Palmyra or Tadmor was the capital of Palmyria, a principalty situated between Syria and the Euphrates. It is generally supposed that this town was founded by king Solomon, and formerly was called Tadmor (town of palms), from the beautiful wood of palms that surrounded it. This territory was extremely fertile and well watered, though placed in the middle of sandy deserts. It formed an independant state of little princes till the third century, when it became tributary to Rome. The widow of Odenat, one of its most celebrated kings, the famous queen Zenobia took, after the death of her husband, the title of queen of the east, and defended her country against the Romans, but her courage was unavailing. Palmyra became a roman province under the emperor Aurelian A. D. 272.

Nothing can be more beautiful than the ruins of Palmyra discovered by an english traveller A. D. 1691. These ruins are about 60 leagues distant from Damascus and are situated in the midst of the desert. All the ruins of this town are in marble; there are some broken columns, remains of temples, palaces, towers, triumphal arches, vaults and tombs.

This fine town was entirely destroyed by the Sar-

Die Ruinen von Palmyra.

Palmyra oder Tadmor war die Hauptstadt von Palmyrene, ein Staat, welcher zwischen Syrien und dem Euphrat lag. Man hielt den König Salomon für den Gründer dieser Stadt, die man früher auch Tadmor, das heißt Palmenstadt, nannte, wegen der prächtigen Palmenwälder, die sie umgaben. Das Land, in welchem sie lag, war außerordentlich fruchtbar und wasserreich, obgleich es von Sandwüsten umgeben war. Lange Zeit war dieser Staat unabhängig, und hatte kleine Fürsten, welche sich bis in das dritte Jahrhundert nach Christi Geburt erhielten, dann aber Rom tributpflichtig wurden. Die Wittwe eines unter ihnen, Namens Odenat, der sich durch seine kriegerischen Thaten ausgezeichnet hatte, die berühmte Zenobia, nahm nach dessen Tode den Titel einer Königin des Orients an, wurde aber in einem Kriege gegen die Römer besiegt, und das Fürstenthum Palmyrene wurde unter dem Kaiser Aurelian im Jahre nach Christi Geburt 272 eine römische Provinz.

Nichts ist schöner und prachtvoller, als die Ruinen von Palmyra, welche die Europäer erst im Jahre 1691 kennen lernten, und die über 60 Stunden von Damaskus emtfernt liegen, mitten in der Wüste. Man sieht daselbst herrliche, endlos scheinende Säulenreihen, Tempel-

palais, de tours, d'arcs de triomphe, de voûtes, de tombeaux. Le tout en marbre et d'une grande magnificence.

C'est en 744 que cette belle ville fut détruite en entier par les Sarrasins, et jusqu'en 1691 on ne la connaissait que par des traditions vagues et incertaines. Ce fut en 1750 que plusieurs Anglais y firent un voyage, partant d'Haleb à cheval, et à leur retour ils parlèrent de ces ruines comme d'autant de merveilles.

Le monument qui étonne le plus par sa beauté et sa grandeur est un temple du soleil dont il reste une façade, des colonnades, une avant-cour encore debout, qui offre de vastes proportions.

racens A. D. 744., and was only known by vague and uncertain traditions till A. D. 1691. In the year 1750 a party of english travellers went on horseback from Haleb to visit this celebrated town, and upon their return they vaunted the marvellous beauty of these ruins.

The monument which is the most astonishing by its beauty and grandeur is the temple of the Sun, of which there remains one front, several columns, an entrance court yet standing which offers large proportions.

ruinen, Trümmer von Pallästen, von Triumphbogen, Hallen, Gräber u. s. w., alles von seltener Schönheit und Pracht, und von Marmor.

Es war im Jahre 744 nach Christi Geburt, als diese herrliche Stadt von den Sarazenen zerstört wurde, und bis zum Jahre 1691 hatte man nur sehr unsichere Sagen von ihr. Im Jahre 1750 wurden diese Ruinen von mehreren Engländern besucht, welche die Reise von Haleb dahin zu Pferde machten, und nach ihrer Zurückkunft wie von ebensoviel Wundern sprachen. Besonders ist es ein Sonnentempel, von welchem noch eine Façade, Säulenreihen und ein Vorhof von großem Umfange steht, der durch seine Größe in Verwunderung setzt.

Dannor del C Deucker. fc.

ALEXANDRIEN MIT DEM PHARUS

ALEXANDRIE.

Cette belle ville, qui égale en magnificence les villes les plus célèbres de l'antiquité, fut bâtie l'an 332 avant J.-C., par Alexandre le Grand, roi de Macédoine, qui lui donna son nom. Elle est située sur une langue de terre qui s'étend entre la Méditerranée et le lac Maréotis, à peu près à quatre journées du Caire. Elle fut la capitale de l'Égypte sous les Ptolémées et les Romains. Elle se composait de deux quartiers, celui du peuple et du palais. Au temps de sa splendeur, on y comptait près d'un million d'habitants : c'était, après Rome, la première ville du monde. Elle avait des temples superbes, dont le plus renommé était celui de Sérapis, des palais somptueux, une bibliothèque immense (la plus riche qu'il y eût au monde, on y comptait près de sept cent mille ouvrages); un musée où les savants étaient entretenus aux frais de l'Etat, un vaste hippodrome, plusieurs obélisques, des colonnes gigantesques, parmi lesquelles on remarquait la colonne de Pompée, les deux aiguilles de Cléopâtre, etc. Mais c'était surtout son phare magnifique qui faisait l'admiration de tout le monde; il fut bâti pour la sûreté de la navigation, dans une île près d'Alexandrie

ALEXANDRIA.

This fine city, which equals in magnificence the most celebrated towns of antiquity, was built 332 before J.-C. by Alexander the Great, king of Macedon, who gave it his name. It is situated on a tongue of land extending between the Mediterranean sea and the lake of Mereotes, about 4 days journey from Cairo. It was the capital of Egypt under the Ptolemies and the Romans. It is composed of two quarters: that of the palace and that of the people. In the time of its greatest splendor it possessed near a million of inhabitants: after Rome, it was the first town in the world. There were several superb temples, the most renowned of which was that of Serapis; some sumptuous palaces, an immense library, the richest in the world, which counted 700,000 works; a museum where the learned were supported at the expense of the state, an immense hippodrome, several obelisks, some gigantic columns, among which was Pompey's column, Cleopatra's needles, etc. But it was its magnificent light house which excited the admiration of every body. It was built to ensure the safety of navigators, upon an island near Alexan-

Alexandrien.

Diese schöne Stadt, welche an Pracht den berühmtesten Städten des Alterthums gleich gestellt wird, wurde von Alexander dem Großen, König von Macedonien, 332 Jahre vor Christi Geburt erbaut, und nach ihrem Erbauer benannt. Sie liegt auf einer Erdzunge, die sich zwischen dem mittelländischen Meere und dem alten See Mareotis erstreckt, ungefähr vier Tagereisen von Cairo. Zur Zeit der Ptolomäer und der Römer war sie die Hauptstadt Egyptens. Sie bestand aus zwei Quartieren, das des Volks und das des Pallastes. Zur Zeit ihres größten Glanzes zählte sie nahe an eine Million Einwohner; sie war nach Rom die erste Stadt der Welt. Prächtige Tempel, namentlich war der des Serapis sehr berühmt; herrliche Palläste; eine unermeßliche Bibliothek, die zahlreichste der Welt, denn man zählte an 700,000 Werke; ein Museum, in welchem die Gelehrten auf Kosten des Staates unterhalten wurden; ein weitläuftiges Hippodromos (Rennbahn); mehrere Obelisken und Riesensäulen, unter denen die Säule des Pompejus und die Nadeln der Cleopatra bekannt waren, u. s. w. zierten diese Stadt. Hauptsächlich aber war es der überaus prächtige Pharus (Leuchtthurm) welchen man allgemein bewunderte. Er wurde zur Bequemlichkeit des

appelée Pharos, et la tour qui prit son nom de cette île l'a donné à toutes les autres tours destinées au même usage. Elle fut jointe à la ville par un môle de près de treize cents mètres; cette tour était surmontée d'un fanal pour éclairer de nuit les bâtiments qui naviguaient sur ces côtes pleines d'écueils et de bancs de sable; elle était comptée au nombre des sept merveilles du monde.

Dans une insurrection terrible que César eut à réprimer à Alexandrie, l'an 47 avant J.-C., la belle bibliothèque fut consumée. La ville, dont les habitants étaient très turbulents, eut à subir, sous les empereurs romains, plusieurs massacres qui la dépeuplèrent peu à peu.

Les Arabes, conduits par Amrou, sous le califat d'Omar, s'en rendirent maîtres en 641; ils achevèrent la destruction des plus beaux monuments et de la célèbre bibliothèque, dont les ouvrages servirent, dit-on, à chauffer les bains publics.

dria called Pharos, from which the tower took its name, and all other towers destined to the same purpose have since born the same epithet. It was joined to the town by a mole nearly 1,300 yards long. The tower was surmounted by the light house, because the coast was full of breakers and sand banks. It was so remarkable for its size and beauty as to be reckoned one of the seven wonders of the world.

In an insurrection which Cesar had to repress at Alexandria in the year 47 before Christ, the fine library was entirely consumed. The town whose inhabitants were very turbulent, had to suffer under the emperors several massacres which depeopled it by degrees.

The Arabs, led by Amrou under the caliphat of Omar, became masters of Alexandria in 641. They completed the destruction of the finest monuments and the celebrated library, of which the works, it is said, were taken to heat the public baths.

Handelsstandes, auf einer kleinen Insel, nahe bei Alexandrien, die Pharos hieß, gebaut, und von welcher der Thurm seinen Namen erhielt, den er auch allen anderen Leuchtthürmen mittheilte. Diese Insel war durch einen 1300 Meter langen Damm mit der Stadt vereinigt. Auf der Spitze des Thurmes war der Fanal (das Leuchtfeuer) angebracht, um in der Nacht den Schiffen zu leuchten, welche an dieser, an Klippen und Sandbänken reichen Küste, fuhren. Man zählte ihn unter die sieben Wunderwerke der Welt.

In einem furchtbaren Aufstande, den Cäsar zu Alexandrien dämpfen mußte, wurde 47 Jahre vor Christi Geburt die schöne Bibliothek ein Raub der Flammen. Die Stadt, deren Einwohner sehr unruhige Köpfe waren, hatte unter den römischen Kaisern mehrere Metzeleien zu erdulden, durch welche sie nach und nach sehr entvölkert wurde. Im Jahre 641 nach Christi Geburt wurden die Araber, unter dem Kalifat Omars, durch Amruh Herr derselben, und vollendeten die Zerstörung ihrer schönsten Denkmäler und der Bibliothek, mit deren Werken man die öffentlichen Bäder heizte!

DIE EGŸPTISCHEN PYRAMIDEN

LES PYRAMIDES.

Ces monuments gigantesques de l'Egypte étaient consacrés à la sépulture des rois et des animaux sacrés; on y entrait par des ouvertures étroites placées à une certaine hauteur. Il y en avait trois plus célèbres que toutes les autres, celles de Chéops, de Céphrem et de Mycérinus, et l'une d'elles fut mise au nombre des sept merveilles du monde. Elles n'étaient pas fort éloignées de la ville de Memphis et furent construites vers le douzième ou treizième siècle avant J.-C.

La plus grande, celle de Chéops, était bâtie comme les autres sur un roc qui lui servait de fondement, avec des pierres d'une grandeur extraordinaire, dont les moindres étaient de 30 pieds, travaillées avec un art merveilleux et couvertes de figures hiéroglyphiques. Chaque côté avait 800 pieds de large et autant de hauteur; le sommet de cette pyramide, qui d'en bas semblait se terminer en pointe, présentait une belle plate-forme dont chaque côté avait 16 pieds. Cent mille ouvriers travaillaient à cet ouvrage, et de trois mois en trois mois un nombre égal leur succédait. Dix années entières furent employées à couper les pierres, soit dans l'Arabie, soit dans l'Ethiopie, et à les transporter en Egypte, et vingt autres années à

THE PYRAMIDS.

These gigantic monuments of Egypt were consecrated to the sepulture of the Egyptian kings and to the animals which were held to be sacred; their only entrance was a narrow opening placed at some height from the ground. Three among them were particularly celebrated: those of Cheops, Cephrem and Mycerinus. The first was cited as one of the seven wonders of the world. They were not far from Memphis and were constructed towards the twelfth or thirteenth century before Christ.

The largest (Cheops) was built as they were all of them, on a rock which served for the foundation. The material employed in their construction was stone in blocks of an enormous size, and sculptured with marvellous art in hieroglyphics. The least was thirty feet square.

Each side of the pyramid was 800 feet wide at the base, with the same height. The summit, which to the observer seemed to terminate in a point, was 16 feet square. 100,000 workmen were continually employed, who were changed every three months. 10 whole years were occupied in cutting the stones in Arabia and in Ethiopia, and in transporting them into Egypt,

Die egyptischen Pyramiden.

Diese Riesendenkmäler Egyptens waren den Gräbern der Könige und der geheiligten Thiere geweiht; man trat durch enge Öffnungen, die in einer gewissen Höhe angebracht waren, in dieselben. Drei davon waren die berühmtesten; die des Cheops, des Cephrem und die des Mycerinus, und eine derselben gehörte zum siebenten Wunderwerke der Welt. Sie waren nicht weit von Memphis entfernt, und wurden 12- oder 1300 Jahre vor Christi Geburt erbaut. Die größte derselben, die des Cheops, war, gleich den anderen, auf Felsen gebaut, und bestand aus Steinen von so außerordentlicher Größe, daß der geringste 30 Fuß dick war. Sie waren von bewunderns-würdiger Arbeit und mit Hieroglyphen bedeckt. Jede Seite war 800 Fuß breit und eben so hoch. Die Spitze derselben, die, von unten gesehen, einem Punkte glich, war eine schöne Platte, deren jede Seite 16 Fuß zählte. 100,000 Arbeiter waren mit ihrer Erbauung beschäftigt, und wurden von drei zu drei Monaten abgelöst. Zehn Jahre wurden mit dem bloßen Zuschneiden der Steine, in Arabien und Ethiopien, und sie nach Egypten zu schaffen, hingebracht, und zwanzig andere Jahre erforderte ihre Erbauung. Sie hatte im Innern unendlich viele Säle und Gemächer. Blos für Knoblauch, Lauch, Zwie-

construire ce vaste édifice dont l'intérieur offrait une infinité de chambres et de salles. On avait dépensé pour les porreaux, les ognons et autres légumes fournis aux ouvriers, plus de quatre millions et demi de francs; ainsi le reste de la dépense doit avoir été énorme.

Telles étaient ces pyramides d'Egypte qui ont triomphé du temps et des barbares; on trouve encore nombre de pyramides sur divers points de l'Egypte, notamment près de Méroé; mais, quelque effort que fassent les hommes, leur néant paraît partout.

Les rois qui ont bâti ces monuments n'ont pu s'assurer une place dans ces pompeux tombeaux. Ils furent obligés de chercher une sépulture dans des lieux inconnus pour dérober leurs restes à la vengeance des peuples. Ils avaient assez mérité la haine de leurs sujets par les cruautés inouïes qu'il leur fallut exercer pour faire élever ces monuments mêmes qui devaient les immortaliser.

and 20 years in constructing the largest, the interior of which was composed of innumerable chambers and halls. The leeks, onions and vegetables alone furnished to the workmen amounted to more than four and a half millions of francs; thus the other expenses were certainly enormous.

Such are the pyramids of Egypt, which have triumphed alike over time and barbarism.

There are besides a number of pyramids spread over divers points of Egypt, particularly in the neighbourhood of Meroe, but whatever men do, their weakness appears in all their actions.

The kings who erected these superb monuments have not been able to insure a shrine for their poor remains, which their successors have been compelled to inter in some unknown tomb, to conceal them from the vengeance of the people. They had merited hatred, by the cruelties they had employed in the elevation of the monuments which were designed to render their memory immortal.

beln und Gemüse, die man den Arbeitern lieferte, betrugen die Kosten über eine Million Thaler, oder zwei Millionen Gulden. Wie groß mögen die sonstigen Kosten gewesen seyn? —

Dies sind die Pyramiden Egyptens, welche bis jetzt der Zeit und den Barbaren getrotzt haben. Man findet deren noch eine ziemliche Anzahl in verschiedenen Gegenden Egyptens, namentlich bei Meroé. Was jedoch die Menschen auch thun mögen, so tritt doch ihre Nichtigkeit überall hervor. Die Könige, welche diese Riesenwerke errichten ließen, hatten nicht einmal so viel Gewalt, sich in denselben beerdigen lassen zu können, und konnten von ihren Gräbern keinen Gebrauch machen; ja sie mußten sich an ganz unbekannten Orten begraben lassen, damit ihre Leichen vor der Rache des Volkes gesichert waren, welches sie wegen ihrer Tyrannei und ihrer Härte, die sie bei der Errichtung eben dieser Pyramiden, die sie unsterblich machen sollten, zeigten, tödtlich haßte.

DAS ALTE ATHEN.

ATHÈNES.

Cette ville, qui avait acquis dans l'antiquité une si brillante renommée par les arts et les sciences, fut fondée, à ce que l'on croit, vers l'an 1643 avant J.-C. Son nom vient de celui d'Athéna (Minerve), à laquelle elle était consacrée. Elle devint bientôt la capitale de l'Attique, où Cécrops avait fondé un royaume qu'il divisa en douze cantons. Athènes comptait, au temps de sa splendeur, près de cent mille habitants. Elle avait trois ports : Phalère, Munychie et le Pirée, que deux longs murs joignaient à la ville, et treize portes. Elle était divisée en sept quartiers principaux ; savoir : le quartier de la Citadelle (Acropolis), celui de l'Aréopage, du Prytanée, de l'Académie, du Céramique, du Lycée et du Théâtre. Parmi ses superbes monuments, il faut remarquer le temple de Jupiter-Olympien, d'une grandeur énorme (il avait un circuit de quatre stades, et une statue colossale de Jupiter); le Panthéon, l'Odéon, bâti par Périclès; l'Aréopage, l'Académie, le Lycée, l'Erechtheum, le temple de Thésée, le théâtre de Bacchus, le temple de la Victoire, le théâtre d'Hérode Atticus, etc. L'Académie, ainsi que le Lycée qui devait son nom au temple d'Apollon

ATHENS.

This town so renowned in ancient history for the arts and sciences is supposed to have been founded about 1643 before J. C. by a colony of Egyptians conducted by Cecrops. Its name comes from Athena (Minerva), to whom it was consecrated. It soon became the capital of Attica, where Cecrops had founded a kingdom divided into twelve cantons.

Athens during its splendour possessed near 100,000 inhabitants. It had three bridges: Phalere, Munychie and Piree, which two long walls joined to the town, and 13 gates. It was divided into 7 principal quarters, viz: the quarter of the Citadel (Acropolis), Areopage, Prytanee, Academy, Ceramique, Lyceum and the Theatre. Among its superb monuments it can boast of the temple of Jupiter Olympus, of an enormous size; it had four stades in circumference and a colossal statue of Jupiter; the Pantheon, the Odeon, built by Pericles, Areopagus, the Academy, the Lyceum, the Erechtheum, the temple of Theseus, the theatre of Bacchus, the temple of Victory, the theatre of Herode Atticus, etc. The Academy, as well as the Lycee which owes its name to the temple of Apollo Lycius, were

Athen.

Diese in dem Alterthume besonders hinsichtlich der Künste und Wissenschaften so berühmte Stadt, wurde, wie man glaubt, 1643 Jahre vor Christi Geburt durch eine egyptische Colonie, von Cecrops angeführt, gegründet. Ihr Name kommt von Athene (Minerva) der sie geweiht war. Bald wurde sie die Hauptstadt von Attika, wo Cecrops ein Reich gegründet hatte, das er in 12 Cantone eintheilte. Athen zählte zur Zeit seiner Blüte an 100,000 Einwohner. Die Stadt hatte drei Häfen, den Phalerus, Munychias und Piräus; letzteren verbanden zwei lange Mauern und drei Thore mit Athen. Sie war in sieben Quartiere eingetheilt, nämlich: das der Citadelle (Acropolis), das des Areopagus, des Prytaneums, der Akademie, des Ceramikus, des Lyceums und des Theaters. Unter ihren prächtigen Denkmälern sind besonders zu erwähnen: der Tempel des olympischen Zeus, von ungeheurer Größe, der vier Stadien im Umfang und eine Riesenbildsäule des Donnergottes hatte; das Parthenon; das von Perikles erbaute Odeon; der Areopagus; die Akademie; das Lyceum; das Erechtheum; der Theseustempel; das Theater des Bacchus; des Siegestempel, das Theater des Herodes Atticus, u. s. w. Die Akademie, so wie das Ly-

Lycius, étaient hors la ville et entourés de promenades et de bois charmants; l'Académie tenait son nom d'Académus, qui l'avait fondée, et l'a transmis à toutes les académies du monde. C'est là que Platon, dans les jardins de l'Académie, Aristote, dans le Lycée, professaient en se promenant leurs leçons philosophiques.

Aux environs d'Athènes coulaient deux ruisseaux, l'Ilissus et le Céphise.

Athènes eut dix-sept rois, dont le plus célèbre fut Thésée, fils d'Egée, qui réunit sous un gouvernement commun, les douze cantons jusqu'alors indépendants les uns des autres. Codrus fut le dernier roi d'Athènes; il se dévoua pour son peuple; avec lui disparut le titre de roi. Les Athéniens mirent son fils Medon à la tête de la nouvelle république, avec le titre d'archonte; l'archontat fut ensuite décennal, et enfin annuel. Les archontes, au sortir de leur charge, devenaient membres du fameux Aréopage, tribunal ainsi nommé du quartier où il tenait ses séances.

out of the town, and were surrounded by charming promenades and woods.

The Academy owes its name to Academus, the founder, and has transmitted its name to all the academies in the world. It is there that Plato in the gardens of the Academy, and Aristotle in the Lycee, gave in their walks their philosophical lectures.

In the environs of Athens were two small rivers, the Ilyssus and the Cephisus.

Athens was governed by 17 kings in succession. The most celebrated was Theseus, son of Egeus, who reunited under his government the 12 cantons till then independant of each other.

Codrus was the last king of Athens: he devoted himself for his people. With him disappeared the title of king; the Athenians put his son Medon at the head of the new republic with the title of Archon. The office was first decennal, and at length annual. The archons in quitting the government became members of the famous Areopagus, a tribunal thus named from the quarter in which its sittings were held.

ceum, vom Tempel des Apollo Lycios, der sich daselbst befand, so genannt, waren außerhalb der Stadt, von reizenden Spaziergängen und Lustwäldchen umgeben. Die Akademie hatte ihren Namen von ihrem Stifter Akademus, und nach ihr wurden alle Akademien der Welt genannt. Hier gaben Plato und Aristoteles ihren philosophischen Unterricht, in den Gärten spazierend. In der Nähe von Athen waren die Flüßchen Ilyssus und Cephissus.

Siebzehn Könige hatte Athen, deren bekanntester der berühmte Theseus, ein Sohn des Aegeus, war. Dieser vereinigte Attika, welches bisher in 12 unabhängige Cantone getheilt war, unter eine Regierung. Codrus war der letzte König; er opferte sich für sein Volk, das nach seinem Tode den Königstitel abschaffte, und seinen Sohn Medon an die Spitze der neugeschaffenen Republik, mit dem Titel eines Archonten, so viel als Vorsteher, stellte. Die ersten Archonten waren es lebenslänglich, später wurden sie auf zehn, und endlich nur auf ein Jahr erwählt. Beim Austreten ihres Amtes wurden sie Mitglieder des berühmten Areopagus, der seinen Namen von dem Quartier hatte, in welchem er sich befand.

Die Akropolis.

L'ACROPOLIS.

Cette magnifique citadelle d'Athènes, située sur des rochers assez escarpés, a été fondée par des Pélages, et achevée par Cécrops. Du côté du nord, elle était défendue par des rochers, ainsi qu'à l'ouest; Périclès l'avait fortifiée par les superbes routes nommées Propylées. Des escaliers très larges, construits en marbre blanc, conduisaient à cette forteresse unique; on entrait par cinq portes, et on montait par des allées ornées de colonnades et de statues d'une rare beauté. C'est là que se trouvait le Parthénon, le superbe temple de la déesse vierge Pallas-Athénée (Minerve), dans lequel on voyait, entre autres statues, celle de cette déesse en or et en ivoire, chef-d'œuvre de Phidias. Au dessous du Parthénon était situé le théâtre de Bacchus, qui passait pour le plus beau de l'univers; dans l'enceinte de l'Acropolis était aussi cette fontaine de Pan, récemment retrouvée. Une longue ligne de colonnes, ornée sur chaque côté des plus beaux monuments, conduisait de la citadelle au grand marché de la ville, à l'Agora, où les habitants se rassemblaient pour délibérer sur les grandes affaires de l'état. Vis à vis de la citadelle était le Musée, et au dessous d'elle le fa-

THE ACROPOLIS.

This magnificent citadel of Athens, situated on pointed rocks, was founded by the Pelages and finished by Cecrops. On the side of the north it was defended by rocks, and to the west; Pericle shad fortified it by superb vaults named Propylees.

Very wide white marble staircases conducted to this unique fortress. Five gates opened into it, to which conducted alleys ornamented by columns and statues exquisitely beautiful. Here was situated the Parthenon, the superb temple of the virgin goddess Pallas, Athenee (Minerva) in which among other statues was placed that of this goddess in ivory and gold, the chef-d'œuvre of Phidias. Below the Parthenon was situated the theatre of Bacchus, said to be the finest in the universe. In the enclosure of the Acropolis was also the fountain of Pan, recently discovered.

A long line of columns, ornamented on each side by the finest monuments, conducted to the citadel and to the grand market of the town Agora, where the inhabitants of Athens assembled to deliberate upon great state affairs. Opposite the citadel was the Museum, and below it, the famous temple of Jupiter Olympius, completed only under the emperor Adrian.

Die Acropolis.

Diese prächtige Burg Athens lag auf ziemlich steilen Felsen. Die Pelasger hatten sie gegründet und Cecrops vollendete sie. Gegen Norden vertheidigten sie ihre Felsen, und gegen Süden hatte sie Perikles durch schöne Hallen, die Propyläen genannt wurden, befestigt. Sehr breite weiße Marmorstufen führten zu dieser einzigen Feste, zu welcher zu gelangen man fünf Thore passiren mußte, indem man durch die herrlichsten Säulengänge schritt, die mit Bildsäulen von der größten Schönheit besetzt .waren. Hier war auch das Parthenon, jener prächtige Tempel, der jungfräulichen Göttin Pallas-Athene geweiht, in welchem man unter andern ihre Bildsäule, ein Meisterwerk des Phidias, in Gold und Elfenbein ausgehauen, fand. Unter dem Parthenon lag das Theater des Bacchus, das schönste der Welt. Im Innern der Acropolis war Pan's Brunnen, neuerlich wieder aufgefunden. Eine lauge Colonnade, auf beiden Seiten mit den schönsten Gebäuden flankirt, führte von der Burg auf den großen Marktplatz, wo sich das Volk versammelte, um über die wichtigsten Angelegenheiten des Staats zu berathschlagen. Gegen der Acropolis über war das Museum, und unter demselben der berühmte Tempel des olympischen Zeus, den erst der Kaiser Hadrian vollen-

meux temple de Jupiter-Olympien, achevé seulement par l'empereur Adrien. Dans le voisinage de l'Acropolis se trouvaient aussi le terrible Aréopage, le superbe temple de Thésée, ainsi que le Prytanée. Tous ces monuments étaient ornés des chefs-d'œuvre de la sculpture et de la peinture ; on y lisait des inscriptions remarquables, dont quelques unes, fort curieuses, ont été retrouvées dans ces derniers temps.

In the neighbourhood of the Acropolis was situated the terrible Areopagus, the superb temple of Theseus, as well as the Prytaneus. All these monuments were ornamented with the chefs-d'œuvre of sculpture and painting, illustrated by remarkable inscriptions, some of which were very curious and have been recently discovered.

dete. In der Nähe dieser Burg war auch der furchtbare Areopagus, der prächtige Theseustempel und das Prytaneum. Alle diese Gebäude waren mit Meisterwerken der Bildhauerkunst und Malerei reich verziert, und hatten merkwürdige Inschriften, von denen man in der neuen Zeit mehrere interessante wieder aufgefunden hat.

Das alte Rom.

ROME.

Cette ville, qu'on se plaît à nommer l'éternelle, était jadis la capitale de l'immense empire romain, ou pourrait dire du monde connu des anciens; et, de nos jours, elle est encore la capitale du monde catholique. Elle fut fondée sur les rives du Tibre, vers l'an 753 avant J.-C., par son premier roi Romulus. La nouvelle ville n'était qu'une bourgade de trois à quatre mille habitants, et sa première enceinte n'eut que trois portes. Afin d'accroître la population de sa ville naissante, Romulus ouvrit un asyle aux esclaves fugitifs et même aux homicides qui viendraient se ranger sous ses lois; de manière que la maîtresse du monde fut, à son origine, un repaire de brigands. Bâtie d'abord sur sept collines, elle en avait progressivement envahi plusieurs autres, et finit par comprendre dans son enceinte douze montagnes. Plus tard, elle fut beaucoup plus peuplée que la Rome moderne, et, à l'époque de sa grandeur, Rome comptait trois à quatre millions d'habitants et se développait dans un circuit de plus de six lieues. Elle avait trente-sept portes, près de cinq cents temples, huit ponts, quatorze grands aqueducs, plus de cinquante places publiques ou forum; cinq cents rues; cinq naumachies; beaucoup de théâtres et de cirques; quarante arcs de triomphe, plus de cinquante statues colossales; les autres étaient innombrables. Parmi les monuments

ROME.

This town, called the Eternal city, was formerly the capital of the immense roman empire, it might be said of the whole world, as it now is, of the catholic world. It was founded on the banks of the river Tiber towards the year 753 before Christ, by its first king Romulus. The first town was only a hamlet of 3 or 4,000 inhabitants, and its first enclosure had only 3 or 4 gates. In order to increase the population of his projected state, Romulus offered an asylum to all the fugitive slaves and even to all the murderers whom he could induce to come and range themselves under his laws: so that in fact the mistress of the world was in its origin a nest of thieves. Built at first on 7 hills, it had progressively extended over many others, and finished by comprising in its enclosure 12 mountains. Later it was much better peopled than modern Rome. At the epoch of its grandeur, Rome counted 3 or 4 millions of inhabitants, and extended over more than six leagues. It had 37 gates, more than 500 temples, 5 bridges, 14 immense aqueducts, more than 50 public places or forums, 500 streets, 5 naumachies, numerous theatres and circuses, 40 triumphal arches, more than 50 colossal statues; those of natural size were innumerable. Among the most remarkable monuments, of which parts are still in existence, may be

Rom.

Die ewige Stadt, früher die Hauptstadt des unermeßlichen römischen Reiches, was so viel sagen wollte, als die den Alten bekannte Welt, und jetzt noch die der katholischen Christenheit. Sie wurde im Jahre 753 vor Christi Geburt an den Ufern der Tiber durch Romulus, ihren ersten König, gegründet. Die neue Stadt war zuerst nur ein armseliger Flecken von 3 — 4000 Einwohnern, und ihre ersten Mauern hatten nur drei Thore. Um ihre Bevölkerung zu vergrößern, machte sie Romulus zu einer Freistätte entlaufener Sclaven und Mörder, so daß die Herrin der Welt ursprünglich eine wahre Räuberhöhle war. Zuerst auf 7 Hügeln erbaut, dehnte sie sich allmählig über mehrere, und endlich über 12 aus. Später war sie weit bevölkerter als das jetzige Rom, und zählte in ihrer höchsten Blüthe 3 — 4 Millionen Einwohner und 7 Stunden im Umfange. Sie hatte 37 Thore, an 500 Tempel, 8 Brücken, 14 große Wasserleitungen, mehr als ein halbes Hundert öffentlicher Plätze oder Forums und ein halbes Tausend Straßen, 5 Naumachien, unzählige Theater oder Circus, 40 Triumphbogen, mehr als 50 Riesenbildsäulen, die anderen waren unzählbar. Ihre merkwürdigsten Gebäude und Monumente, von denen ein Theil noch steht, waren: das berühmte Capitol mit seinen prächtigen Tempeln; das Colosseum; der große Circus; das Pantheon; das Theater des Marcellus; der Pallast der Cäsaren; die

les plus remarquables, dont une partie est encore debout, on voyait le Capitole avec ses superbes temples, le Colisée, le grand Cirque, le Panthéon, le théâtre de Marcellus, le palais de César, les Thermes de Titus, de Caracalla et de Dioclétien; les arcs de Constantin, de Septime-Sevère et de Titus; les colonnes Antonine et Trajane; le grand Forum; celui de Nerva, de Trajan et d'Aurélien; le mausolée d'Adrien; le pont d'Ælius, le Champ-de-Mars; la Cloaca-Maxima; les Obélisques; la Maison-d'Or de Néron; le temple de la Paix, celui de Jupiter Stator, de Roma, de Vesta, de Jupiter Capitolin, de Junon et de Minerve (ces trois derniers au Capitole), du Soleil, de Mars, de Diane, d'Apollon.

Auguste avait divisé Rome en quatorze régions et l'avait beaucoup embellie par de nouveaux et superbes édifices; il se vanta d'avoir reçu une Rome de briques et de la laisser toute de marbre. Il avait choisi l'emplacement du mont Palatin pour y construire un magnifique bâtiment, qui prît le nom de la colline dont il occupait une partie considérable; il fut appelé Palatium, d'où est venu le mot de palais. Ce fut surtout à Agrippa que Rome dut des embellissements merveilleux; mais ce n'est que sous les successeurs d'Auguste que cette ville unique atteignit son plus haut degré de splendeur et de magnificence.

reckoned the Capitol with its superb temples; the Colisæum; the grand Circus; the Pantheon; the theatre of Marcellus, the palace of Cesar; the thermes of Titus, of Caracalla, and of Diocletian. The arches of Constantine, of Septimius Severus and of Titus. The columns of Antony and of Trajan. The grand Forum, and that of Aurelius; the mausoleum of Adrian; the bridge of Ælius. The camp of Mars, the Cloaca-Maxima. The obelisks, the golden palace of Nero. The temple of Peace; that of Jupiter Stator, of Roma, of Vesta, of Jupiter Capitolina, of Juno, and of Minerva, (the three last in the Capitol) of the Sun, of Mars, of Diana and of Apollo.

Augustus divided Rome into 14 quarters and had greatly embellished it by new and superb edifices. He boasted of having received a Rome of bricks and of having left one in marble. He chose mount Palatine to construct a magnificent building upon, which took its name from the mount upon which it was constructed, and was called Palatium, from which is derived the word palace. To Agrippa Rome is indebted for its most marvellous embellishments. Under the successors of Augustus it gradually attained to the highest degree of splendour and magnificence.

Bäder des Titus, des Caracalla und des Diocletian; die Triumphbögen Conſtantins, Septimus Severus und Titus; die Säulen Trajans und Antonins; das große Forum, das des Nerva, des Trajan und des Aurelian; Hadrians Mauſoleum; die Brücke Aelius; das Marsfeld; die großen Cloaken; die Obelisken; Nero's goldenes Haus; der Friedenstempel, der des Jupiter Stator, der Roma, der Veſta, des Jupiter Capitolinus, der Juno und der Minerva (dieſe drei auf dem Capitol), der Sonne, des Mars, der Diana, des Apollo, u. ſ. w. Auguſtus theilte Rom in 14 Regionen ein, und verſchönerte es außerordentlich durch neue, prächtige Gebäude. Er rühmte ſich, Rom von Ziegelſtein erhalten zu haben und ganz in Marmor zu hinterlaſſen. Er hatte den Berg Palatinus gewählt, um daſelbſt ein prachtvolles Gebäude zu errichten, welches den Namen des Hügels erhielt, von dem es einen Theil einnahm, und nach ihm Palatium genannt wurde, woher das Wort Pallaſt ſtammt. Beſonders war es Agrippa, dem dieſe Weltſtadt ihre herrlichſten Gebäude verdankte; allein erſt unter Auguſts Nachfolger gelangte dieſe einzige Stadt zu ihrem höchſten Glanz und zur größten Pracht.

Paris. Imp. de F. Locquin, r. N.-D. des Victoires 16.

www.ingramcontent.com/pod-product-compliance
Ingram Content Group UK Ltd.
Pitfield, Milton Keynes, MK11 3LW, UK
UKHW022149190726
13855UKWH00004B/1411